DIVERSIÓN CON COLORES

CAFÉ

por Anna C. Peterson

TABLA DE CONTENIDO

I0807799

tadpole en español

PALABRAS A SABER

huevos

ladrillos

ojos

pelota de futbol americano

perros

tierra

CAFÉ

El café es un color.

tierra

La tierra es de color café.

La pelota de futbol americano es de color café.

Los ladrillos son de color café.

Son rectangulares.

Ella tiene dos ojos de color café.

Estos perros son de color café.

Veo tres.

Algunos huevos son de color café.